RETRAITE

DES FRANÇAIS.

d' Ern. von Pfuel

TRADUIT DE L'ALLEMAND.

St.-PÉTERSBOURG,

DE L'IMPRIMERIE DE PLUCHART ET COMP.

1813.

AVERTISSEMENT.

Le public ayant distingué particulièrement cette brochure rédigée par un officier allemand au service de Russie, on s'empresse d'en faire part aux personnes qui ne peuvent la lire dans l'original. La précision et la clarté qui caractérisent cet intéressant morceau, le mettent au nombre des matériaux qui serviront à écrire un jour l'histoire de la campagne actuelle.

RETRAITE DES FRANÇAIS.

Le dernier coup sous lequel devoit expirer la liberté de l'Europe, s'étoit annoncé du côté des Français avec des préparatifs, avec un appareil et un éclat qui exaltoient au plus haut degré l'orgueil du soldat et l'attente des partisans du systême français ; un certain nombre ne songeoit plus qu'à franchir les ruines de la Russie, pour courir à des expéditions romanesques vers les contrées lointaines de la Perse et de l'Inde. Napoléon avoit hautement prononcé que *l'irrésistible destinée de la Russie l'entraînoit vers sa chute*. Il laissoit à découvert les moyens d'exécution pour le plan qu'il avoit arrêté de repousser les Moscovites au-delà des déserts de l'Asie comme autant de barbares ennemis de la civilisation européenne. Sa renommée, sa fortune, et des armées formidables donnoient à ses paroles toute l'importance et tout le sérieux d'une prophétie. Un aussi présomptueux langage n'étoit calculé que pour en imposer plus sûrement. En effet la partie pensante du public se laissoit entraîner à une pleine confiance dans la sûreté de ses combinaisons politiques et militaires, tandis que le commun des esprits redoubloit de croyance dans leur infaillibilité.

Déjà les paroles prophétiques de Napoléon sembloient s'accomplir ; aussitôt que l'armée française eut atteint le Niemen, les Russes se retirèrent de tous côtés et abandonnèrent à l'ennemi les provinces du nord de la Pologne ; elles levèrent bientôt après l'étendard de la révolte et se réunirent aux Français. Napoléon avoit promis à ses soldats de les conduire à Moscou. Là, leur avoit-il dit, sera le terme de vos travaux et de vos efforts ; là vous attendent une paix glorieuse et toute espèce de jouissances.

L'Empereur des Français, toujours habile à profiter du premier moment d'illusion et de terreur pour surprendre ce qu'il appèle la paix, avoit dirigé toutes ses opérations dans le dessein de s'emparer promptement de Moscou ; car il n'étoit pas moins assuré que ses soldats que c'étoit dans cette capitale qu'elle devoit être conclue. Son calcul fut juste jusqu'à un certain point : Moscou tomba dans son pouvoir. Cependant il y eut une petite erreur, la paix ne fut pas conclue, ce qui ne donna pas à ses sages combinaisons une tournure très-favorable. Un léger incident qui eut lieu quelques jours avant et qui ne quadroit pas trop avec la justesse de ses mesures, fut la bataille de Borodino. Dans cette mémorable journée les Russes accueillirent si bien les vieilles bandes guerrières de Napoléon (selon l'expression favorite des bulletins), qu'elles les désabusèrent un peu de leur confiance dans l'habitude de triompher, et les envoyèrent à plus de deux milles (15 werstes) du champ de bataille féliciter leur Empereur sur sa victoire. Ce que ne purent exécuter les *vieilles bandes victorieuses*, fut également impossible aux bulletins français, quoique rien ne résiste à leur intrépidité ; mais leur langage n'étoit préparé que pour ceux qui n'avoient point été à cette bataille. Les Russes se retirèrent paisiblement et en bon ordre ; ils savoient ce qu'ils faisoient : les Français s'avancèrent avec défiance. Le bon ordre de cette retraite indiquoit assez qu'elle tenoit moins à la nécessité de quelque événement contraire, qu'à un plan sagement combiné. La solitude des villes et des villages situés sur le grand chemin ne s'accordoit pas trop bien avec cet accueil à bras ouverts de la part des habitans, tel que Napoléon l'avoit promis à ses *vieilles bandes ;* l'invasion de Moscou sans coup férir semble d'abord être une preuve de la justesse des vues du grand homme, mais cette ville avoit déjà cessé d'être la capitale de l'Empire, car à l'exception d'un petit nombre, ses habitans avoient quitté ses murs. L'ennemi n'eut en possession qu'un amas de maisons vuides d'habitans, qui devint bientôt lui-même, par un sacrifice volontaire, un monceau de cendres et de ruines; pour être la preuve que cette lutte étoit un combat à mort et attester en même temps l'inébranlable constance du Souverain et de la nation.

Dans ces entrefaites l'armée russe, sous le commandement du Feld-Maréchal Prince Koutousoff, avoit, par une marche de flanc hardie, pris une position avantageuse à Létaschowka, entre Kalouga et Moscou; cette manœuvre avoit pour but de couvrir les provinces méridionales, pendant que l'armée s'augmentoit par les renforts qui affluoient de tous côtés, elle harceloit et affoiblissoit l'ennemi par des combats journaliers. Les forces russes étoient nombreuses et animées du meilleur esprit: dans toutes les parties de l'Empire le patriotisme déployoit de nouvelles forces: pendant que les bulletins remplissant leur tâche ordinaire, répandoient partout que la Russie touchoit à son dernier moment, que ses armées étoient détruites, qu'elles ne consistoient plus qu'en de nouvelles levées de milices traînées par force ; en un mot que l'épouvante et la confusion s'étoient emparés de tous les esprits.

De son côté Napoléon fit circuler des proclamations aux habitans de Moscou et des environs, par lesquelles il les engageoit amicalement à rentrer dans leurs foyers, et à y venir jouir de la protection de la *grande nation* : on ne conçoit pas trop comment d'aussi séduisantes invitations n'eurent absolument aucun effet ; car les guerres précédentes avoient démontré combien les propriétés de toute espèce étoient sacrées pour les Français, et jusqu'à quel point ils respectoient les temples et les autels : il est vrai que leur conduite à cet égard tenoit plus, à les entendre, à une *certaine légèreté* qu'à une méchanceté réfléchie.

Après quelques tentatives infructueuses faites pour la paix, Napoléon crut que les Russes ne vouloient en traiter qu'à Moscou : il eut la générosité d'offrir d'évacuer cette ville en cendres sous la condition d'une armistice et de se retirer jusqu'à Wiazma, qui deviendroit le lieu désigné pour les conférences y relatives. Cette proposition ne fut pas heureuse, car on lui répondit qu'on étoit très-surpris d'entendre parler de *paix* et d'*armistice* au moment même où la campagne s'ouvroit pour les Russes. La position de l'armée française étoit assez critique : investie dans une vaste circonférence, où venoient aboutir les chemins de Twer, Wladimir, Riazan et Kalouga, et autour des cendres de la capitale, devenue elle-même le centre de tous les incendies, elle se trouvoit placée comme dans un vaste désert. Chaque jour les soldats sortoient par milliers de leur camp pour venir piller la ville. Un très-grand nombre se répandoit aux environs pour avoir du pain et des fourrages; des troupes entières de paysans armés se cachoient en embuscades et tuoient tous les jours une multitude de marodeurs; s'ils leur échappoient, c'étoit pour tomber entre les mains des Cosaques. La situation de Napoléon devenoit de jour en jour plus difficile, le manque de vivres plus effrayant, les murmures des soldats plus séditieux, et les espérances de paix s'évanouissoient également de plus en plus.

Après un séjour de cinq semaines le conquérant prit le parti d'évacuer cette capitale ; il eut soin de dire avant à ses soldats : *Je veux vous conduire dans vos quartiers d'hiver. Si je rencontre les Russes dans mon chemin je les battrai ; si non, tant mieux pour eux.* Mais ce langage prophétique n'étoit plus de saison : car la suite prouva qu'il rencontra les Russes et qu'il ne les battit pas, et qu'il fût plus avantageux pour ceux-ci de l'avoir rencontré. Le 6 Octobre (v. st.) à la pointe du jour, le roi de Naples fut attaqué à Tarutina à 80 werstes de Moscou et totalement mis en déroute : 26 canons, 2,000 prisonniers et une immense quantité de bagage tombèrent entre les mains des vainqueurs ; le monarque lui-même n'échappa qu'avec la plus grande peine.

Napoléon dirigea sa marche sur l'ancien chemin de Kalouga. On put juger par ses dispositions qu'il n'avoit pas sérieusement le dessein de percer par cette dernière ville ; mais qu'il avoit songé, dès le commencement, à s'ouvrir une issue par le Dniepre, où ses magasins étoient préparés, et qu'il ne marchoit sur Kalouga que pour jetter l'épouvante et tromper les Russes par des mouvemens simulés. Il gagnoit ainsi du temps, de l'avance, et avoit l'avantage de suivre parallèlement le grand chemin de Smolensko, qui n'étoit pas encore ravagé. Cependant au lieu d'abuser par cette manœuvre, le prince Koutousoff, il fut au contraire surpris à l'improviste par l'armée russe à Maloiaroslawitz, où le Feld-Maréchal qui avoit quitté sa position arriva le 11 Octobre (v. st.) à l'entrée de la nuit. Le combat s'engagea vivement le 12, seulement entre le 6e corps de l'armée russe et le 4e de l'armée française, le reste des deux armées n'ayant point été employé; cette journée glorieuse pour les armes russes mit tout de suite fin aux ruses stratégiques de Napoléon et traversa tous ses plans: au lieu de tromper les Russes, ce furent eux qui le trompèrent; au lieu de les écarter du chemin, il avoit lui-même à déployer ses mouvemens dans un voisinage très-incommode; au lieu d'atteindre tranquillement ses quartiers d'hiver, il n'avoit pas un moment à perdre pour s'assurer une prompte retraite, au lieu enfin de choisir la route à son gré, il se voyoit forcé de suivre le grand chemin, c'est-à-dire le désert qu'il s'étoit préparé lui-même.

L'armée française opéra donc sa retraite sur Mojaïsk le 14 Octobre (v. st.) par Borowsk et Wéréia. Vingt régimens de Cosaques, commandés par le général Platoff, l'avant-garde composée de deux corps d'armée d'infanterie, sous les ordres du général Miloradowitz, se mirent aussitôt à sa poursuite. Quant à la grande armée russe, elle s'avança vers la gauche dans une ligne parallèle au grand chemin et dans laquelle les vivres et les fourrages se trouvoient en abondance.

Les magasins français les plus voisins étoient à Smolensk : Maloiaroslawitz est à plus de 50 milles (350 werstes) de cette ville : traverser cette distance sans provision d'aucun genre, ayant à dos un ennemi acharné à la poursuite étoit le problème que l'armée française avoit à résoudre :

elle étoit redevable de toutes ces difficultés à son chef, qui dans ce cas ne pouvoit pas plus attendre que prévoir quelque grossière méprise de la part des Russes, et qui avoit entièrement négligé de prendre ces précautions, ces moyens indispensables à un véritable capitaine qui traite ses soldats en père, et qui enfin conduisoit son armée à sa perte. Une prompte retraite, pour conserver ce nom, ne peut s'effectuer que dans un espace proportionné : si elle a lieu dans une étendue hors de mesure, toute précipitation devient alors funeste : car c'est le propre de toute manœuvre de ce genre, de décourager plus ou moins le soldat ; plus la vîtesse et les distances sont grandes, plus elles tendent à lui faire perdre le véritable esprit qui le constitue. Ce mal est plus à craindre pour une armée que toutes les souffrances physiques auxquelles elle est ordinairement exposée. Napoléon agit en sens contraire de ce principe, et il paya sa faute de la perte de son armée et de sa réputation militaire.

Bientôt la famine se fit tellement sentir

dans l'armée française que les régimens se partagèrent en bandes de maraudeurs qui pilloient et ravageoient de tous côtés à quelques werstes du grand chemin, les chevaux crevoient par milliers, et chaque corps étoit obligé de brûler une quantité immense de bagages et de fourgons qui n'avoient plus d'attelages: tous les habitans des villages du gouvernement de Moscou et de Kalouga avoient pris les armes pour tirer vengeance des maux qu'ils avoient soufferts, et ils tuoient journellement des bandes de maraudeurs pressés de plus en plus par les infatigables Cosaques. L'ennemi fut obligé de suivre la grande route sans oser s'écarter de cette ligne. La grande armée n'avoit presque plus pour nourriture que la chair de cheval: déjà chaque jour voyoit mourir de faim et de fatigue des centaines de soldats. Déjà on enlevoit les chevaux à la cavalerie pour traîner l'artillerie. Déjà les pièces de canon étoient abandonnées ou enfouies, en un mot la misère étoit grande et n'offroit dans son effrayante progression que la plus désolante perspective.

Le 22 Octobre (v. st.) il y eut à Wiazma, un vif engagement à l'arrière-garde. Le 1er corps, commandé par le maréchal Davoust, et une partie du 4e fut chassé au-delà de Wiazma et poursuivi jusque dans la nuit avec une perte de 25 canons, de plusieurs mille hommes tant tués que blessés ou prisonniers : la ville elle-même subissant le sort des autres par lesquelles les Français avoient passé, fut mise en cendres. C'est alors que la rigueur des premiers froids se fit sentir, et qu'elle devint un nouveau surcroit de misère pour l'armée française. N'avoir d'autre nourriture que la chair de cheval gelée, aucune boisson fortifiante, aucun vêtement d'hiver ; bivouaquer sur la glace et la neige, ces cruelles extrémités étoient au-dessus de tout ce que la force humaine pouvoit supporter. Chaque nuit plusieurs centaines périssoient gelés : l'épuisement en emportoit autant chaque jour. Des monceaux de cadavres montroient les traces du passage de l'armée ; les soldats jettoient par bandes des armes et bagages ; il n'étoit plus question d'ordre ni de discipline : le soldat ne s'inquiétoit plus de son officier ni celui-ci du soldat ; chacun étoit tellement occupé de soi-même qu'il ne pensoit à qui que ce soit et n'étoit pas plus capable de commander que d'obéir. Parmi ces bandes bigarrées, formées de tous les régimens pêle-mêle confondus, on ne distinguoit que les corps qui conduisoient les bagages, et qui à chaque instant étoient assaillis et pillés par les Cosaques qui fondoient de toutes parts : on avoit poussé l'imprévoyance à un tel point qu'on n'avoit pas même songé, en cas de gelée, à faire ferrer les chevaux à glace ; harassés, ils pouvoient à peine se soutenir sur un chemin glissant ; douze à quinze étoient attelés pour traîner une seule pièce ; la moindre butte devenoit un obstacle insurmontable. La cavalerie n'en avoit plus à fournir ; elle étoit, à l'exception de quelques régimens des gardes, réduite à marcher à pied ; de cette manière on ne pouvoit plus faire avancer l'artillerie. A Dorogobusch le 4e corps laissa toute la sienne, composée de plus de 100 pièces : de manière que le 1er et le 3e, après l'arrivée de l'armée à Smolensk, en avoit déjà perdu plus de 400. L'armée qui étoit partie de Moscou forte de 100,000 hommes, se montoit à Smolensk à peine à 60,000, parmi lesquels la moitié étoit à peine armée. L'ennemi passa deux jours à Smolensk et ils furent signalés par le pillage, l'incendie et la plus horrible confusion : les magasins qu'on y trouva ne furent pas d'un grand secours, car la portion fixée pour chaque jour, et qui même ne consistoit qu'en farine, devint dans un instant la proie de tant d'affamés. Un très-grand nombre ne put même en profiter ; car chacun se trouvoit forcé de la disputer à ceux qui la leur ravissoient : on avoit aussi annoncé une distribution de munitions de guerre ; mais il ne se présenta que peu de soldats pour les recevoir.

Pendant ce temps l'armée russe s'avançoit de Jelna par Smolensk sur Krasnoi, pour précéder l'ennemi ; elle arriva vers la nuit le 4 Novembre (v. st.) et prit sa position à 7 werstes de la ville où étoit arrivé le même jour l'armée française : le 5 on en vint aux mains. Napoléon avoit déjà marché en avant avec la plus grande partie de ses gardes, les seuls qui eussent encore quelque tenue militaire; le 1er et le 4e corps furent engagés dans le combat et mis bientôt en déroute après quelque résistance, avec une perte considérable en morts et blessés; 25 canons, la moitié des armes qu'avoit encore l'armée, plusieurs mille prisonniers, un grand nombre d'aigles et de drapeaux, et le bâton du maréchal Davoust tombèrent entre les mains des vainqueurs. Le 3e corps, commandé par le maréchal Ney, fort d'environ 15,000 hommes, et qui depuis Wiazma formoit l'arrière-garde, étoit encore à un jour de marche en arrière. Napoléon et ses généraux n'avoient aucune connoissance de celle de l'armée russe sur Krasnoi, c'est ce qui fit croire au maréchal Ney, lorsqu'il arriva le 6, que l'obstacle qui lui barroit le chemin n'étoit que quelques partis envoyés à la découverte; mais il fut bien surpris et trouva très-mauvais qu'on le sommât de se rendre: Je saurai me faire jour, dit-il au parlementaire qui lui fut envoyé, et il commença subitement l'attaque. L'affaire fut bientôt décidée ; en moins d'une heure le corps qu'il commandoit fut dispersé, quelques mille tués et blessés restèrent sur le champ-de-bataille ; 11,000 hommes environ se rendirent par détachemens, les uns après les autres, et le maréchal lui-même prit la fuite par le Dniepre avec quelques centaines de soldats. Ce corps d'armée avoit plus de vingt canons et pas un seul cavalier. On fit un immense butin dans cette journée. Les dépouilles de Moscou qu'on avoit sauvé des flammes, retombèrent en grande partie au pouvoir des Russes.

La retraite des Français peut se diviser en trois temps ou périodes qui, malgré une progression de maux qui leur est commune, n'empêche que chacune d'elles n'ait un caractère particulier : la première finit à Krasnoi. Le résultat qu'elle offrit du côté de l'ennemi, fut 40,000 prisonniers, parmi lesquels 27 généraux, environ 500 canons pris, 31 drapeaux, et un butin considérable : cette grande armée, naguères si formidable, fondue tout-à-coup, se réduisoit à environ 30,000 hommes, dont à peine 10,000 étoient en état de porter les armes. 25 canons étoient ce qui restoit de l'artillerie ; pour la cavalerie depuis long-temps il n'en étoit plus question.

L'armée russe présentoit au contraire un autre spectacle ; elle comptoit plus de 70,000 hommes bien disposés, parmi lesquels 16,000 de cavalerie et 600 pièces de canon qui l'accompagnoient.

Pendant que ce déluge de maux anéantissoit l'armée ennemie, et que la honte d'une fuite aussi ignominieuse rongeoit de chagrin et de désespoir le cœur du véritable soldat, les bulletins français gardoient toujours le même ton de sérénité et de jactance : ils affectoient de parler des événemens avec une merveilleuse assurance : ils citoient des lettres datées du 8 de Moscou (quoiqu'il eût été évacué le 6) d'après lesquelles Napoléon tranquille et satisfait occupoit toujours cette capitale avec ses gardes. Ces mêmes lettres publioient que des corps détachés, après quelque légère résistance, s'étoient déjà rendus maîtres de Twer, de Toula et de Kalouga. Quant à la bataille de Taroutina, ils annonçoient que le roi de Naples avoit donné aux Russes une *vigoureuse leçon ;* que l'attaque de la cavalerie française avoit été des plus brillantes : par rapport à cette *leçon* le redoutable roi de Naples sait, à n'en point douter, ceux qui l'ont donnée et ceux qui l'ont reçue. Et relativement à la fameuse attaque de cavalerie, ils eurent la modestie de convenir que les Cosaques avoient (de la manière la plus déloyale il est vrai) passé sur le corps des cuirassiers et des dragons français : enfin quand il fallut toucher l'article de la fameuse retraite, tous les amis des Français eurent le plaisir d'apprendre, par le 25e bulletin, que Napoléon alloit faire prendre à son armée (qui les avoit bien mérités), ses quartiers d'hiver en passant par Smolensk; que les Russes n'osoient pas s'exposer à attaquer sérieusement sa marche qui s'exécutoit dans le plus grand ordre ; que cette même armée (réduite alors au plus affreux désespoir) étoit dans la meilleure disposition, qu'elle avoit tout en abondance, qu'elle étoit singulièrement favorisée par la saison, que l'Empereur avoit mis tant d'habileté et de supériorité à combiner ce mouvement, qui avoit pour but les quartiers d'hiver, qu'on pouvoit le regarder comme une opération qui donnoit l'offensive contre Pétersbourg, parce que Smolensk devenant ainsi un nouveau centre d'activité, étoit un peu moins éloigné de la nouvelle capitale que de l'ancienne. Jamais aucun bulletin n'avoit outragé la vérité avec tant d'impudence; jamais les mots d'aucune langue n'avoient été deshonorés par un abus aussi révoltant. La plus horrible confusion recevoit le nom de bon ordre; le plus affreux désespoir celui de sérénité et de bon accord; des malheureux expirans dans les angoises de la faim représentés dans l'abondance, et l'éclatante vengeance du ciel annoncée comme en étant les bénédictions! 10,000 victimes de la famine et du froid interprêtoient bien autrement la faveur céleste aussi audacieusement blasphémée. Les soldats français, malgré leur déplorable état, n'auroient pu s'empêcher de rire s'ils avoient appris que leur malheureuse fuite étoit transformée en un mouvement qui menaçoit Pétersbourg. La seule expression qui pourroit être avouée par la vérité, étoit peut-être le *nom* de *quartiers d'hiver bien mérités*, car tous les fléaux qui avoient fondu tout à la fois sur l'armée étoient cette *récompense* pour toutes les atrocités qu'elle avoit commises.

La seconde période de la retraite commence à Krasnoi et finit à la Bérésina : elle comprend un espace de 26 milles (182 werstes) ; elle sembloit d'abord offrir à l'armée française un aspect moins affreux ; car premièrement elle attendoit au-delà du Dniépre sa réunion avec les corps de Victor, de Dombrowsky et les restes de celui d'Oudinot, ce qui composoit en tout environ 30,000 hommes ; en second lieu cette poursuite dont elle avoit tant éprouvé l'activité, avoit semblé se ralentir par l'engagement du 6 avec le maréchal Ney ; troisièmement elle avoit atteint la ligne de ses magasins et une contrée qu'elle pouvoit regarder comme dévouée à ses intérêts ; quatrièmement, la rigueur du temps s'étoit un peu radoucie ; mais tous ces avantages et ces consolations s'évanouirent à la nouvelle que l'armée de l'amiral Tschitschagoff étoit arrivée à Minsk, pour recevoir l'armée française aux bords de la Bérésina, et que le comte de Wittgenstein, renforcé par le général Steinheil s'approchoit également de Tschaschnikoff, pour combiner ses opérations avec l'armée de Moldavie. Les mouvemens de ces armées réunies ouvroient à l'ennemi une nouvelle carrière de dangers, dont le moindre devoit être la répétition de la précédente journée de Krasnoi. Napoléon comprit alors tout l'embarras de sa position, et vit qu'il ne lui restoit d'autre moyen que de précipiter sa marche vers la Bérésina ; arrivé à Orcha, il trouva les députés du gouvernement de Mohileff qui s'y étoient rassemblés pour recevoir ses ordres : L'Empereur, ordinairement jaloux de ces sortes d'hommages, renvoya les députés à leur poste sans avoir daigné les recevoir : car il n'ignoroit pas qu'il faut toujours en imposer à des gens de cette espèce, et qu'un train aussi modeste que celui qu'il offrait cette fois à leurs yeux, ne pouvoit produire que le plus mauvais effet. Il avoit aussi ses raisons particulières pour ne pas mettre son armée en spectacle, parceque cette même armée tendant par un mouvement actif et latéral vers Pétersbourg avoit un peu perdu de sa tenue, et que le froid en avoit forcé une partie à se travestir en habits de prêtres et l'autre en habits de femme, ce qui ne ressembloit pas tout à fait au costume militaire dé guerriers aussi renommés. Aussitôt que Napoléon eût concentré autour de lui les renforts dont nous venons de parler, il envoya les polonois vers la Gauche à Borisoff, que l'Amiral Tschitschagoff occupoit déjà, et plaça le corps de Victor vers la droite à l'opposé du Général Wittgenstein : sous la protection de ces détachemens il parvint le 13 avec le reste de son armée aux rives de la Bérésina, fit jetter un pont à Tembin, 15 Werstes au-dessus de Borisoff, et passa la rivière sans perdre de temps. Les horreurs de ce passage seront à jamais présentes à la mémoire du soldat-français. — Il dura deux jours. — D'abord ils s'y portèrent en foule et en tumulte, car depuis long-temps l'armée ne connoissoit plus ce que c'étoit qu'ordre et marche régulière; un grand nombre fut englouti dans les flots : mais lorsque l'armée russe s'avançoit en jetant de côté le corps de Victor et de Dombrowsky, et que tous courant en désespérés se précipitoient à la fois vers le pont, cette scène d'horreur et de Confusion parvint à son comble. Les bagages, les trains d'artillerie, les chevaux de trait, la cavalerie, l'infanterie, tout s'empressoit de franchir la rivière : le plus fort renversoit le plus foible, celui-ci l'arrêtoit dans les flots ou le terrassoit. L'officier, le Soldat, confondus, ne songeoient qu'à se sauver: plusieurs centaines furent écrasées sous les trains; quelques uns cherchant l'endroit du fleuve le plus étroit pour le passer à la nage tomboient transis de froid: d'autres essayoient de passer à la faveur des blocs de glace qui flottaient çà et là, et plongeoient tout à coup; partout des cris de mort et d'allarmes, et nulle part du secours. Enfin quand les batteries russes eurent commencé à foudroyer le pont et les deux rives, le passage fut interrompu : une division entière de 7500 hommes du corps de Victor avec 5 Généraux se rendit par capitulation; plusieurs mille furent noyés, assommés : une immense quantité de canons, de bagages restèrent sur la rive gauche du fleuve: telle fut la fin de cette seconde période : elle donna pour résultat 20,000 prisonniers, environ 200 pièces de canon et un butin considérable.

C'est sans doute un systême de police habilement organisé que celui qui parvient à dérober au public la connoissance des événemens qui l'intéressent le plus; les Français, qui ont porté aujourd'hui cet art au plus haut degré de perfection, l'apprirent à leurs dépens dans cette circonstance. Partout où les troupes se trouvèrent alors, elles ignorèrent les revers multipliés de l'armée. Wilna devenu le centre des nouvelles provinces confédérées, et le siége de l'administration française jouissoit d'une surveillance particulière, et fut maintenue long-tems dans une ignorance absolue de ce qui se passoit autour d'elle; le public croyoit réellement aux mensonges du 25e bulletin. On fut effrayé il est vrai quand on apprit que l'armée de Moldavie s'étoit emparée de Minsk, et qu'elle se dirigeoit sur Borisoff. Cependant les esprits reprirent assez leur premier calme en apprenant par la gazette de Wilna que la marche de l'armée russe quadroit tout à fait avec le plan de Napoléon, et que c'étoit précisémentpar cet événement qu'elle couroit à sa perte. Mais les courriers de l'armée n'arrivant plus, l'agitation et l'inquiétude se manifestèrent de nouveau. Après être restés douze mortels jours sans aucunes nouvelles, leDuc deBassano envoya un jeune polonois qu'il fit, dit-on déguiser en femme pour savoir quelque chose de l'armée : il reparut cinq-jours après et apporta (au grand contentement des français) la nouvelle bientôt répandue par les gazettes, qu'il avoit trouvé l'Empereur à la Bérésina dans la plus belle humeur du monde et sur le point de marcher, sur l'Amiral Tschitschagoff, qui avoit donné tête baissée dans le piège qu'on lui avoit tendu; que du reste l'Empereur n'avoit avec lui que la moitié de son armée : quant à l'autre il l'avoit laissée à Smolensk parcequ'il n'en avoit pas besoin: quelques jours après le grand homme arriva en personne, et son voyage clandestin donna pleine carrière à tous les commentaires auxquels prêtoient naturellement ces étranges nouvelles.

La troisième période de la retraite va de la Bérésina jusqu'au Niemen; et de ce dernier endroit jusqu'en Prusse. Quoi qu'elle paroisse encore plus désastreuse pour les Français à raison de leurs maux parvenus au dernier terme, elle offre cependant (militairement parlant) beaucoup moins d'intérêt; car elle ressemble à une chasse le long de la grand route; Environ 40 mille hommes qui avoient encore sauvé quelqu' artillerie, avoient passé la Bérésina : mais dans quel déplorable état étoient ces malheureux débris! Un froid rigoureux revint mettre le comble à leur détresse : c'est alors que n'ayant plus la force de résister à tant de souffrances, ils jettoient armes et bagages : la plupart n'avoient ni bottes ni chaussure, ils étoient affublés de couvertures et avoient entortillé leurs pieds avec de vieux chapeaux. Chacun tâchoit de se garantir la tête et les épaules avec ce qu'il avoit pu trouver, et pour avoir un abri de plus contre le froid. Les uns avoient de vieux sacs, d'autres des nattes, des peaux d'animaux fraîchement écorchés : heureux celui qui avoit pû enlever quelques lambeaux de fourrures! Les officiers, les soldats, frappés d'un stupide engourdissement, ayant les bras et le visage entièrement cachés, se traînoient l'un près de l'autre ; les soldats de la garde ne différoient en rien du reste: ils étoient en lambeaux, mourant de faim et sans armes : toute défense leur étoit impossible. Le seul cri de *Kosaque* suffisoit pour pousser des colonnes entières en avant : et il n'en falloit que quelques uns pour prendre des centaines de fuyards. Le chemin que tenoit l'armée étoit jonché de cadavres. Chaque bivouac ressembloit le lendemain à un champ de bataille. Aussitôt que l'un d'eux succomboit d'épuisement, ses camarades le dépouilloit à nu expirant encore, pour se couvrir des débris de ses vêtemens. Toutes les maisons et les granges étoient mises en feu : chaque terrein incendié étoit couvert de cadavres; car ceux qui avoient encore pu s'en approcher n'ayant plus la force de se retirer, lorsque la flamme s'étendoit, en étoient saisis et consumés. Les chemins étoient couverts de prisonniers qui n'avoient besoin d'aucune surveillance. A tant d'horreurs succédoient d'autres horreurs. Défigurés par la pâleur et la fumée ils se rangeoient auprès du feu comme des spectres, sur les cadavres de leurs camarades, jusqu'à ce qu'ils tombassent et mourussent comme eux. Un grand nombre dont les pieds étoient nus et déjà gangrénés réduits à un état complet d'imbécilité, marchoient à peine; d'autres avoient perdu la parole. On en a vu même quelques-uns saisis tomber par l'excès du froid et de la faim, d'une stupide frénésie, se porter jusqu'à faire rôtir et manger la chair des cadavres de leurs semblables, ou se ronger les mains et les bras. Il y en avoit qui n'ayant pas la force de porter du bois pour alimenter la flamme, s'asseyoient sur les corps de leurs camarades auprès d'un petit feu, avec lequel ils s'éteignoient eux-mêmes. Dans cet état d'insensibilité il s'en est trouvé qui machinalement portés vers le feu par le besoin de se chauffer, se brûloient volontairement avec de lamentables cris : ils étoient suivis par d'autres qui éprouvoient le même sort. En un mot il n'y a que ceux qui ont eu le malheur d'être les témoins d'un si affreux spectacle, qui puissent avoir une idée de tant de calamités réunies, et dont les annales du monde n'offrent aucun exemple.

La division de Wilna du général Loison étoit arrivée de Kœnigsberg : elle étoit à-peu-près de 10,000 hommes, Allemands pour la plupart : elle avoit été envoyée au-devant de l'armée jusqu'à Oszmiana, 7 mille (50 werstes) de Wilna, pour protéger sa retraite. En moins de quatre jours cette même division sans avoir combattu, fut réduite à 3,000 par les seules fatigues de la marche et du bivouac, et ces débris furent ou taillés en pièces ou faits prisonniers en avant de cette dernière ville.

Napoléon, le restaurateur de la Pologne, dont les bulletins naguères assuroient que le tonnère de l'artillerie française devoit retentir jusqu'en Asie, passa le 24 à Wilna gardant l'incognito et dans le plus modeste équipage. L'armée, du 26 au 28, défila le matin dans le plus terrible désordre encombrant les rues de cadavres. Elle étoit tout à la fois pour les habitans un objet de pitié et de dérision; mais dans la matinée du 28, au moment où le fatal cri d'allarmes *Cosaques, Cosaques*, se fit entendre, et que les soldats sortant des maisons s'élançoient vers les portes de la ville pour fuir à toute hâte, les Juifs, sans distinction d'âge, vinrent les assaillir : ils dirigeoient leurs coups spécialement sur les gardes, dont ils avoient enduré les plus mauvais traitemens, et en tuèrent un très-grand nombre. Cette précipitation préserva la ville de l'incendie et du pillage : c'étoit la première qui depuis Moscou avoit échappé au sort qu'elles avoient toutes déjà subi ; de Wilna les Français parvinrent à Kowno : à peine 25,000 hommes passèrent le Niemen ; la plus grande partie de l'artillerie avoit été laissée devant cette première ville, et les restes dans ce dernier endroit. Le résultat donné par ces trois périodes, fut la prise de plus de 100,000 hommes, parmi lesquels 50 généraux et environ 900 pièces de canon. Depuis Kowno les Cosaques continuent leur ardente poursuite ; un petit nombre de fuyards atteindra la Vistule ; et s'il y parvient, il ne doit pas survivre au hasard d'avoir échappé à tant de dangers. Les fatigues du soldat l'ont trop épuisé pour qu'il ne succombe pas quand même il trouveroit le repos et les meilleurs traitemens : c'est dont on a l'exemple chaque jour par les prisonniers qui meurent après le premier bon repas qu'ils n'ont plus la force de supporter.

Telle est la fin de l'orgueilleuse et extravagante entreprise de Napoléon : ainsi ont été remplies ces promesses qu'il s'imaginoit être sorties de sa bouche comme autant de sentences émanées d'un oracle infaillible. Ce n'est pas la Russie, mais le tyran qui vouloit l'envahir, qui est *entraîné par son irrésistible destinée.* C'est par sa chute que l'Europe dans les fers doit recouvrer sa liberté : sa réputation, sa fortune ont échoué devant la bonne cause que l'EMPEREUR ALEXANDRE a soutenue avec une constance si héroïque. Le jugement porté sur cette armée et sur son chef a pour base et pour mesure les atrocités et la scélératesse qui les signaleront aux races futures comme le plus terrible fléau qui ait affligé l'humanité.

PERMIS D'IMPRIMER.

St.-Pétersbourg, le 25 Janvier 1813.

TIMKOWSKOY, Censeur.

www.ingramcontent.com/pod-product-compliance
Ingram Content Group UK Ltd.
Pitfield, Milton Keynes, MK11 3LW, UK
UKHW022149190726
13855UKWH00004B/1403

9 782013 375450